Learning to Get Along®

Try and Stick with It

Intentar y seguir intentando

Cheri J. Meiners, M.Ed.

Ilustrado por Meredith Johnson
Traducido por HIT Bilingual Publishing

free spirit
PUBLISHING®

Library of Congress Cataloging-in-Publication Data
Names: Meiners, Cheri J., 1957– author. | Johnson, Meredith, illustrator. | Meiners, Cheri J., 1957– Try and stick with it. | Meiners, Cheri J., 1957– Try and stick with it. Spanish | HIT Bilingual Publishing, translator.
Title: Try and stick with it = Intentar y seguir intentando / Cheri J. Meiners, M.Ed. ; ilustrado por Meredith Johnson ; traducido por HIT Bilingual Publishing.
Other titles: Intentar y seguir intentando
Description: Minneapolis, MN : Free Spirit Publishing, [2023] | Series: Learning to get along | Audience: Ages 4–8 | Audience: Grades K–1 | Summary: "It's hard to try new things-for adults as well as children. It's hard to stick with it when something is more difficult than we thought, or doesn't work out the way we planned. In simple words and realistic illustrations, this book teaches children about flexibility and perseverance-skills essential to success in all areas of life, at all ages and stages. Made to be read aloud, this book also includes a special section for adults, with discussion questions to share, perseverance games to play, and other suggestions for helping children persevere"—Provided by publisher.
Identifiers: LCCN 2022033421 (print) | LCCN 2022033422 (ebook) | ISBN 9781631988240 (paperback) | ISBN 9781631988479 (ebook)
Subjects: LCSH: Determination (Personality trait) | Persistence. | BISAC: JUVENILE NONFICTION / Social Topics / Self-Esteem & Self-Reliance | JUVENILE NONFICTION / General
Classification: LCC BF698.35.D48 M45 2023 (print) | LCC BF698.35.D48 (ebook) | DDC 179/.9—dc23/eng/20220726
LC record available at https://lccn.loc.gov/2022033421
LC ebook record available at https://lccn.loc.gov/2022033422

Edited by Marjorie Lisovskis
Cover and interior design by Marieka Heinlen
Illustrated by Meredith Johnson

Free Spirit Publishing
An imprint of Teacher Created Materials
9850 51st Avenue, Suite 100
Minneapolis, MN 55442
(612) 338-2068
help4kids@freespirit.com
freespirit.com

Dedication

To Daniel,
who always tries his best
and never gives up.

Dedicatoria

Para Daniel,
que siempre da lo mejor de sí
al intentarlo
y nunca se rinde.

There are lots of things I want to try.

Hay muchas cosas que quiero intentar.

Some things are easy for me.

Algunas cosas me resultan fáciles.

4

Some things are harder.
I might need to practice over and over.

Otras cosas son más difíciles.
Necesito practicarlas una y otra vez.

I can try something new.

Puedo probar algo nuevo.

I might like it!

¡Tal vez me guste!

It's fun to try new things.

Es divertido intentar cosas nuevas.

If something seems hard at first,
I like to imagine myself doing it.

Si al principio algo me parece difícil,
me imagino haciéndolo.

If something isn't going well,
I might try it a new way . . .

Si algo no me está saliendo
bien, puedo intentar hacerlo
de otra manera...

or take a break and
try again later . . .

o puedo tomarme un
descanso y volver a
intentarlo luego...

or just try a little longer.

o seguir intentándolo un rato más.

It's okay when I make mistakes.
I learn by trying.

No importa si cometo errores.
Aprendo al intentar.

It helps to remember things I already do well.

Me sirve recordar las cosas que ya sé hacer bien.

When something doesn't work out,
I may want to quit.

Cuando algo no me sale bien, a veces
tengo ganas de darme por vencido.

I can take a big breath and stay calm.
And I can remind myself to stick with it.

Entonces, respiro profundo y me calmo.
Y me digo a mí mismo que debo
seguir intentándolo.

When I finish what I start,
people see that they can depend on me.

Cuando termino lo que empecé, los demás
saben que pueden confiar en mí.

This helps us get along.

Eso nos ayuda a llevarnos bien.

I learn from people who don't give up even when something is hard.

Aprendo de los que no se dan por vencidos aunque deban esforzarse.

They keep at it until they finish
or until they can do it well.

Siguen hasta que terminan o
hasta que logran hacerlo bien.

Learning about other people who stick with something

Al aprender de otras personas que no se dieron por vencidas

can give me the courage to keep trying.

me lleno de valentía para seguir intentándolo.

I know people who encourage me.
They're happy for me
when I do something new.

Algunas personas que conozco me alientan.
Se alegran cuando hago algo nuevo.

I might ask for a little help,
and do the rest by myself.

Puedo pedir ayuda para empezar
y hacer el resto solo.

Each day I can do my best.

Cada día puedo dar lo mejor de mí.

Something I do might even help someone else.

Lo que yo hago tal vez ayude a otra persona.

When I work hard at something,

Cuando me esfuerzo para lograr algo,

I get better at it and it seems easier.

lo hago cada vez mejor y cada vez
me parece más fácil.

If I try something new and stick with it,
I'll find out what I like

*Si intento hacer algo nuevo y sigo practicando,
descubriré lo que me gusta*

and what I can do.

y lo que soy capaz de hacer.

Ways to Reinforce the Ideas in *Try and Stick with It*

Try and Stick with It teaches *perseverance,* a process that helps children develop assertiveness, courage, patience, determination, and persistence. If you wish, explain the term *persevere* to children: to keep practicing and working at something until you can do it. Here is a quick summary of perseverance skills, most of which are mentioned in the children's text:

1. Decide to finish what you start.
2. Imagine yourself doing it.
3. Learn about how other people do it.
4. Remember things you already do well.
5. Try it a new way.
6. Take a break and try again later.
7. Try a little bit longer.
8. Learn from mistakes you make while trying.
9. Take a deep breath.
10. Remind yourself to stick with it.
11. Do it one step at a time.
12. Ask for help if you need it.

As you read each page spread, ask children:

- What's happening in this picture?

Here are additional questions you might discuss, referring to the list of skills above as needed:

Pages 1–3

- What are some things this boy might want to try?
- What things are easy for you? Were they ever hard? Why are they easy now?

Pages 4–5

- What is the boy trying to learn? Will it take lots of practice?
- What are some other things that need lots of practice?

Pages 6–7

- Have you ever tried something even though you didn't think you'd like it? What happened?

Pages 8–11

- Why is it sometimes hard to learn something new? (*Responses might include: "It might take a lot of time." "I might get hurt." "I might not like it."*)
- What does it mean to imagine? (*Children may suggest pretending or the idea of "make believe." It might be helpful to talk in terms of "picturing yourself" or "making a picture in your head."*) What is something you can imagine (picture) yourself doing now? when you're older?

Pages 12–15

- How can you help yourself keep trying? *(Ideas might include trying a new way, taking a break and trying again, trying a little longer, remembering things you already do well.)* How will that help?
- What can you tell yourself the next time something is hard? *(Encourage all reasonable responses. Some answers might include: "I can do it if I keep trying." "It will be fun once I know how to do it." "I can ask for help if I need it." "It's okay to make a mistake.")*

Pages 16–19

- Have you ever wanted to quit because something was really hard? What happened?
- Why is it important to keep trying?
- Who depends on you to finish what you start? Who knows you'll stick with it?
- How does sticking with something help you get along with other people? *(Other people are happy when they know they can count on you to do what you say you'll do and finish what you start. It's nice to be able to count on other people, too.)*

Pages 20–25

- Do you know (know about) someone who tried hard to do something? What did the person learn to do? Do you think it was hard?
- Who can help you when something's hard?

Pages 26–31

- What is something you can help other people do? How did you learn to do that?
- *(point to featured boy)* What did the boy learn to do? How did he learn?
- What is something you worked hard to be able to do? How did you learn to do it?
- What is something you haven't tried that you would like to try?
- What is something you want to be able to do someday?

Perseverance Games

Read this book often with your child or group of children. Once children are familiar with the book, refer to it when teachable moments arise involving both positive behavior and problems related to trying new things and persevering. In addition, use the following activities to reinforce children's understanding of how to try something new or difficult and stick with it (adapting them as needed for use with a single child):

Tortoise and Hare Game

Materials: Sheet of cardstock at least 11" x 14", marker, eight or more stickers (such as stars), pictures of a tortoise and a hare (drawn or cut from a magazine or clip art), glue, index cards, one standard die, game tokens for up to four players (such as different buttons, one per player); optional—copy of the story "The Tortoise and the Hare" from *Aesop's Fables*

Preparation: With the marker, make a gameboard by drawing a horseshoe-shaped sidewalk on the cardstock, marking off at least thirty spaces. Write "Start" and "Finish" at the ends and glue the pictures of the tortoise and hare at the "Start" square. Put a sticker on eight or more spaces. Then, on index cards, write individual scenarios similar to those in the samples below.

Directions: Before playing the game, read and/or talk about the fable where the tortoise persisted and won the race even though the hare was faster. To play the game, a child rolls the die and moves the appointed number of squares. When landing on a space that has a sticker, the child draws a card, reads it, and decides whether the person in the scenario kept trying. Then the child rolls the die again and moves the appointed number of spaces, going forward if the scenario showed perseverance or backward if it did not. Play until each player crosses the finish line (like the tortoise!).

Sample Scenarios:

- Alexis got back on her bike after she fell.
- Fredo made another picture after he spilled all over his first one.
- Joshua's dad said he could play after he cleaned his room, but Joshua was too tired to clean it.
- Kelsey said she wouldn't go back to school after the first day.
- Ari was having trouble learning to tie his shoes, so he hid them under the bed and wore a pair that didn't have laces instead.
- Serena kept practicing her reading even though her brother teased her about it.
- Ty finished his school assignment before watching TV.
- It took Chantel three nights to finish a note to send her grandfather.

"Stick with It" Role Plays

Use the scenario cards from the previous activity; make additional cards if you wish, and place the cards in an envelope. Have a child draw a card from the envelope. Read it and ask, "Is this child trying hard? Are they sticking with it?" If the answer is yes, have children act out the scenario. If the answer is no, ask, "How could the child keep trying?" Refer to the skills on page 32 as needed. Invite children to act out ways the child could try and stick with it.

Perseverance Pictures

Materials: Magazines, large index cards, scissors, glue, drawing paper, crayons or markers

Preparation: Cut out pictures from magazines that show people involved in activities requiring perseverance. Glue the pictures to large index cards.

Directions: Place the cards in a stack facedown and invite a child to draw a card. Ask, "What's happening?" Then ask, "How do you think the person learned to do this?" Discuss different ways the person might have kept trying when things were hard or weren't going well. After discussing several cards, have children draw pictures about working hard to be able to do something. They might base their pictures on any of the cards discussed or on their own experiences. At the bottom of the pictures, have children write (or dictate for you to write) a sentence describing how the person in the drawing persevered.

Stories About People Who Kept Trying

Ask children to learn a story about a parent, relative, ancestor, teacher, or friend who worked hard to accomplish something even though it was difficult. Invite children to report their stories. Discuss how the people kept trying and working to do what they did. Ask questions such as, "How did the person learn to do that?" "Why was it hard?" "How did the person feel when things didn't go well?" "What did the person do to keep going?" "Can you imagine doing that, too?"

"We Keep Trying" Posters

Ask children what they would say to encourage someone who wanted to quit trying. Write down children's ideas. Then have children make posters that encourage everyone to try and stick with things that are difficult. Phrases might include "Hang in There," "Never Give Up," "Stick with It," "Keep at It," and "Give It Your All." Have or help children write the slogans on their posters and then decorate the posters. Display the posters and refer to them in situations that call for perseverance.

Other Suggestions for Helping Children Persevere

Use a goal chart. Help a child choose a goal to work on, such as independence in getting ready for bed, doing chores at home, or completing assignments for school. Talk together about the specific goal and strategies for working to accomplish it. Make a chart for reaching the goal and put it in a prominent place. Have the child put a sticker on the chart each time he or she works on the goal. Decide on small rewards to mark progress and persistence.

Help children find role models. Role models can be famous people, people from history, and people (young and old) who are closer to children. Read books and talk about people—past and present—who have persisted in spite of challenges. (You'll find many biographies for children at the library. Also check websites such as *myhero. com* and *giraffe.org* for profiles and teaching ideas.) Discuss questions like, "What did this person do to keep trying?" and, "What would have happened if the person didn't keep trying?" Also invite friends and community members to share with children how they tried and kept working to succeed at something. Encourage children to be role models for others, too: "Jeremy, can you tell us how you finally found a way to keep the block tower from tipping?" "Katja, how many times did you fall off the pogo stick before you figured out how to use it?"

Maneras de reforzar las ideas en
Intentar y seguir intentando

Intentar y seguir intentando enseña acerca de la perseverancia, un proceso que ayuda a los niños a desarrollar la asertividad, la valentía, la paciencia, la determinación y la persistencia. Si lo desea, explique a los niños el término perseverar: seguir practicando y trabajando en algo hasta conseguirlo. A continuación encontrará un breve resumen de las habilidades que implica la perseverancia. La mayoría de estas habilidades se mencionan en el texto para los niños:

1. Decide terminar lo que empezaste.
2. Imagínate haciéndolo.
3. Fíjate cómo lo hacen otras personas.
4. Recuerda las cosas que ya puedes hacer bien.
5. Intenta hacerlo de otra manera.
6. Tómate un descanso y vuelve a intentarlo luego.
7. Sigue intentándolo un rato más.
8. Aprende de los errores que cometes al intentarlo.
9. Respira profundamente.
10. Recuérdate a ti mismo que debes seguir intentándolo.
11. Hazlo paso a paso.
12. Pide ayuda si la necesitas.

Al leer cada página, pregunte:

- ¿Qué está pasando en esta imagen?

Estas son algunas preguntas adicionales que puede hacer, refiriéndose cuando sea necesario a la lista anterior de habilidades:

Páginas 1 a 3

- ¿Qué cosas podría intentar hacer este niño?
- ¿Qué cosas te resultan fáciles? ¿Alguna vez te parecieron difíciles? ¿Por qué son fáciles ahora?

Páginas 4 y 5

- ¿Qué quiere aprender el niño? ¿Necesitará practicar mucho?
- ¿Para qué otras cosas hay que practicar mucho?

Páginas 6 y 7

- ¿Alguna vez has probado alguna comida aunque creías que no te iba a gustar? ¿Qué sucedió?

Páginas 8 a 11

- ¿Por qué a veces es difícil aprender algo nuevo? *(Las respuestas pueden incluir: "Podría llevar mucho tiempo"; "Podría lastimarme"; "Puede que no me guste").*

- ¿Qué significa *imaginar*? *(Los niños pueden sugerir que significa "fingir" o pueden mencionar la idea de "hacer creer". Puede ser útil hablar de "hacerse una imagen mental").* ¿Qué puedes imaginarte haciendo ahora? ¿Y cuando seas más grande?

Páginas 12 a 15

- ¿Cómo puedes ayudarte a ti mismo para no darte por vencido y seguir intentándolo? *(Entre otras ideas, se puede hablar de intentar una nueva forma de hacerlo, tomar un descanso e intentarlo de nuevo, esforzarse un poco más, recordar las cosas que ya haces bien).* ¿Cómo te ayudará eso?

- ¿Qué puedes decirte a ti mismo la próxima vez que algo te resulte difícil? *(Aliente todas las respuestas que sean razonables. Algunas respuestas podrían ser las siguientes: "Podré hacerlo si sigo intentándolo"; "Será divertido una vez que sepa cómo hacerlo"; "Puedo pedir ayuda si la necesito"; "No pasa nada si cometo un error").*

Páginas 16 a 19

- ¿Alguna vez has querido darte por vencido porque algo era muy difícil? ¿Qué pasó?

- ¿Por qué es importante seguir intentándolo?

- ¿Quién confía en que terminarás lo que comenzaste? ¿Quién sabe que seguirás intentándolo?

- ¿Por qué seguir intentándolo te ayuda a llevarte bien con los demás? *(Los demás se alegran cuando saben que pueden contar contigo porque harás lo que dijiste que harías y terminarás lo que comenzaste. A ti también te gusta contar con otras personas).*

Páginas 20 a 25

- ¿Conoces a alguien o sabes de alguien que se esforzó para hacer algo? ¿Qué aprendió a hacer esa persona? ¿Crees que fue difícil?

- ¿Quién puede ayudarte cuando algo te resulta difícil?

Páginas 26 a 31

- ¿Qué puedes enseñarles a hacer a otras personas? ¿Cómo aprendiste a hacer eso?

- *(Señale al niño de la ilustración).* ¿Qué aprendió a hacer este niño? ¿Cómo lo aprendió?

- ¿Qué te ha costado aprender a hacer? ¿Cómo aprendiste a hacerlo?

- ¿Qué cosa no has intentado hacer todavía y te gustaría intentar?

- ¿Qué te gustaría poder hacer algún día?

Juegos sobre la perseverancia

Lea este libro con frecuencia a su hijo o a un grupo de niños. Una vez que los niños estén familiarizados con la lectura, téngala en cuenta cuando surjan conductas positivas o problemas relacionados con la voluntad de intentar cosas nuevas y perseverar. Además, utilice las siguientes actividades para reforzar la comprensión de los niños sobre cómo intentar algo nuevo o difícil y perseverar en ello (adaptando las actividades según sea necesario para utilizarlas con un solo niño):

Juego de la liebre y la tortuga

Materiales: Hoja de cartulina de 11" x 14" como mínimo, marcador, 8 pegatinas o más (por ejemplo, con forma de estrella), imágenes de una tortuga y una liebre (dibujadas o recortadas de una revista o de una galería de imágenes), pegamento, tarjetas, un dado común, fichas de juego para un máximo de 4 jugadores (por ejemplo, botones diferentes, uno para cada jugador); opcional: copia del texto "La liebre y la tortuga" de las *Fábulas de Esopo*

Preparación: Con el marcador, haga un tablero de juego dibujando un camino en forma de herradura en la cartulina, sobre el cual deberá marcar como mínimo 30 casillas. Escriba "Salida" y "Llegada" en los extremos y pegue los dibujos de la tortuga y la liebre en la casilla indicada como "Salida". Coloque una pegatina en 8 casillas o más. Luego, en las tarjetas, escriba situaciones individuales similares a las que se presentan en los ejemplos que se brindan al final de esta página.

Instrucciones: Antes de jugar, lea o comente la fábula en la que la tortuga persevera y gana la carrera aunque la liebre era más rápida. Para jugar, un niño tira el dado y se desplaza el número de casillas que indica el dado. Cuando cae en una casilla que tiene una pegatina, el niño saca una tarjeta, la lee y decide si la persona que aparece en esa situación siguió intentándolo. A continuación, el niño vuelve a lanzar el dado y se desplaza el número de casillas que indica el dado, hacia delante si en la situación la persona demostró perseverancia o hacia atrás si no lo hizo. Sigan jugando hasta que cada jugador logre cruzar la línea de llegada (¡como la tortuga!).

Ejemplos de situaciones:

- Alexis volvió a subirse a su bicicleta después de caerse.
- Fredo hizo otro dibujo después de derramar por accidente toda su bebida sobre el primero.
- El padre de Joshua le dijo que podía jugar después de limpiar su habitación, pero Joshua estaba demasiado cansado para limpiarla.
- Kelsey dijo que no volvería a la escuela después del primer día.
- Ari tenía problemas para aprender a atarse los zapatos, así que los escondió debajo de la cama y se puso un par de zapatos sin cordones.
- Serena siguió practicando para leer mejor aunque su hermano se burlara de ella.
- Ty terminó su tarea escolar antes de mirar televisión.
- Chantel tardó tres noches en terminar una nota para enviarle a su abuelo.

Juego para representar: ¿Lo sigue intentando?

Utilice las tarjetas de situaciones de la actividad anterior; haga tarjetas adicionales si lo desea, y coloque las tarjetas en un sobre. Pida a un niño que saque una tarjeta del sobre. Léala y pregunte: "¿Este niño se está esforzando? ¿Lo sigue intentando?". Si la respuesta es afirmativa, pida a los niños que representen la situación. Si la respuesta es negativa, pregunte: "¿Cómo podría seguir esforzándose este niño?". Mencione las habilidades de la página 36 según sea necesario. Invite a los niños a representar las formas en las que el niño de la tarjeta podría esforzarse y seguir intentándolo.

Imágenes de perseverancia

Materiales: Revistas, tarjetas grandes, tijeras, pegamento, papel de dibujo, crayones o marcadores

Preparación: Recorte imágenes de revistas que muestren a personas realizando actividades que requieran perseverancia. Pegue las imágenes en tarjetas grandes.

Instrucciones: Coloque las tarjetas en una pila boca abajo e invite a un niño a sacar una tarjeta. Pregúntele: "¿Qué está pasando?". Luego pregunte: "¿Cómo crees que esta persona aprendió a hacer esto?". Analice las diferentes maneras en que la persona puede haber seguido intentándolo cuando las cosas le resultaban difíciles o no salían bien. Después de analizar varias tarjetas, pida a los niños que dibujen a alguien esforzándose para poder lograr algo. Pueden basar sus dibujos en cualquiera de las tarjetas que analizaron o en sus propias experiencias. Pida a los niños que, en la parte inferior del dibujo, escriban (o le dicten para que usted escriba) una frase que describa de qué manera perseveró la persona que se representa en el dibujo.

Historias de personas que siguieron intentándolo

Pida a los niños que averigüen una historia sobre su padre o su madre, un pariente, un antepasado, un maestro o un amigo que se esforzó para lograr algo aunque fuera difícil. Invite a los niños a contar esas historias. Comente con los niños cómo las personas siguieron esforzándose e intentándolo para lograr lo que hicieron. Haga preguntas como las siguientes: "¿Cómo aprendió esa persona a hacer esto?"; "¿Por qué le resultó difícil?"; "¿Cómo se sentía esa persona cuando las cosas no le salían bien?"; "¿Qué hizo para seguir adelante?"; "¿Te imaginas haciendo eso tú también?".

Carteles para seguir intentándolo

Pregunte a los niños qué dirían para animar a alguien que está por rendirse y dejar de intentarlo. Anote sus ideas. A continuación, pídales que hagan carteles que animen a todos a esforzarse y a seguir intentando hacer cosas que son difíciles. Podrían incluir frases como "Resiste", "Nunca te rindas", "Sigue intentándolo" y "Da lo mejor de ti". Pida a los niños que escriban los eslóganes en sus carteles o ayúdelos a hacerlos y decorarlos. Exhiba los carteles y haga referencia a ellos en situaciones que requieran perseverancia.

Otras sugerencias para ayudar a los niños a perseverar

Utilice una tabla de objetivos. Ayude a un niño a elegir un objetivo en el que deberá trabajar, como la independencia a la hora de prepararse para ir a la cama, hacer las tareas del hogar o realizar las tareas escolares. Hable con el niño sobre el objetivo concreto y las estrategias para lograrlo. Haga una tabla para registrar los objetivos alcanzados y colóquela en un lugar visible. Pida al niño que ponga una pegatina en la tabla cada vez que trate de alcanzar el objetivo. Elija pequeñas recompensas para evaluar el progreso y la perseverancia.

Ayude a los niños a encontrar modelos de conducta. Los modelos de conducta pueden ser personas famosas, personalidades de la historia y personas (jóvenes y mayores) más cercanas a los niños. Lea libros y hable sobre personas del pasado y del presente que hayan perseverado a pesar de las dificultades. (Encontrará muchas biografías para niños en la biblioteca. Consulte también sitios web como *myhero.com* y *giraffe.org* para encontrar perfiles y propuestas didácticas). Comente con los niños preguntas como: "¿Qué hizo esta persona para seguir intentándolo?" y "¿Qué habría pasado si esta persona no se hubiera esforzado?". Invite también a amigos y miembros de la comunidad a compartir con los niños cómo se esforzaron y siguieron trabajando para lograr el éxito en algún ámbito de la vida. Anime a los niños a ser ellos también modelos de conducta para los demás. "Jeremy, ¿puedes contarnos cómo encontraste finalmente la manera de evitar que la torre de bloques se inclinara?"; "Katja, ¿cuántas veces te caíste del saltador hasta que descubriste cómo usarlo?".

Acknowledgments

I wish to thank Meredith Johnson, whose charming illustrations resonate so well with the text, and Marieka Heinlen for the exuberant design. I appreciate Judy Galbraith and the entire Free Spirit family for their dedicated support of the series. I am especially grateful to Margie Lisovskis for her diplomatic style as well as her talented editing. I also recognize Mary Jane Weiss, Ph.D., for her expertise and gift in teaching social skills. Lastly, these books have been inspired by my children—especially Andrea, age six, as I have viewed life through her wise and innocent eyes.

Agradecimientos

Quisiera agradecer a Meredith Johnson, cuyas encantadoras ilustraciones se combinan muy bien con el texto, y a Marieka Heinlen por el espléndido diseño. Agradezco a Judy Galbraith y a toda la familia de Free Spirit por el dedicado apoyo que le han brindado a la serie. Estoy especialmente agradecida con Margie Lisovskis por su estilo diplomático así como por su talentosa revisión. También doy gracias a Mary Jane Weiss, Ph.D., por su experiencia y capacidad para enseñar habilidades sociales. Por último, estos libros fueron inspirados por mis hijos, especialmente por Andrea, de seis años, que me ha permitido ver la vida a través de sus ojos sabios e inocentes.

About the Author

Cheri J. Meiners, M.Ed., has her master's degree in elementary education and gifted education. The author of the award-winning Learning to Get Along® social skills series for young children and a former first-grade teacher, she has taught education classes at Utah State University and has supervised student teachers. Cheri and her husband, David, have six children and enjoy the company of their lively grandchildren.

Acerca de la autora

Cheri J. Meiners, M.Ed., tiene una maestría en Educación Primaria y Educación Dotada. Es autora de la galardonada serie sobre comportamiento social para niños *Learning to Get Along*®, fue maestra de primer grado, ha dictado clases de educación en la Universidad Estatal de Utah y ha supervisado a maestros practicantes. Cheri y su esposo, David, tienen seis hijos y disfrutan de la compañía de sus alegres nietos.